全国人民代表大会常务委员会

中华人民共和国
退役军人保障法

中国民主法制出版社

图书在版编目（CIP）数据

中华人民共和国退役军人保障法/全国人大常委会
办公厅供稿. —北京：中国民主法制出版社，2020. 11

ISBN 978-7-5162-2315-4

Ⅰ. ①中… Ⅱ. ①全… Ⅲ. ①退役军人保障法—中国
Ⅳ. ①D922. 5

中国版本图书馆 CIP 数据核字（2020）第 221627 号

书名/中华人民共和国退役军人保障法

出版·发行/中国民主法制出版社

地址/北京市丰台区右安门外玉林里 7 号 （100069）

电话/（010）63055259（总编室） 63058068 63057714（营销中心）

传真/（010）63055259

http：//www. npcpub. com

E-mail：mzfz@ npcpub. com

经销/新华书店

开本/32 开 850 毫米×1168 毫米

印张/1.375 **字数**/21 千字

版本/2020 年 11 月第 1 版 2020 年 11 月第 1 次印刷

印刷/北京天宇万达印刷有限公司

书号/ISBN 978-7-5162-2315-4

定价/8. 00 元

出版声明/版权所有，侵权必究。

目　录

中华人民共和国主席令（第六十三号）　………（1）

中华人民共和国退役军人保障法　………………（3）

全国人民代表大会宪法和法律委员会关于
《中华人民共和国退役军人保障法（草案）》
修改情况的汇报　……………………………（24）

全国人民代表大会宪法和法律委员会关于
《中华人民共和国退役军人保障法（草案）》
审议结果的报告　……………………………（31）

全国人民代表大会宪法和法律委员会关于
《中华人民共和国退役军人保障法（草案
三次审议稿）》修改意见的报告　…………（35）

中华人民共和国主席令

第六十三号

《中华人民共和国退役军人保障法》已由中华人民共和国第十三届全国人民代表大会常务委员会第二十三次会议于 2020 年 11 月 11 日通过，现予公布，自 2021 年 1 月 1 日起施行。

中华人民共和国主席　习近平
2020 年 11 月 11 日

中华人民共和国退役军人保障法

（2020年11月11日第十三届全国人民代表大会常务委员会第二十三次会议通过）

目　　录

第一章　总　　则

第二章　移交接收

第三章　退役安置

第四章　教育培训

第五章　就业创业

第六章　抚恤优待

第七章　褒扬激励

第八章　服务管理

第九章　法律责任

第十章　附　　则

第一章　总　　则

第一条　为了加强退役军人保障工作，维护退役军人合法权益，让军人成为全社会尊崇的职业，根据宪法，制定本法。

第二条　本法所称退役军人，是指从中国人民解放军依法退出现役的军官、军士和义务兵等人员。

第三条　退役军人为国防和军队建设做出了重要贡献，是社会主义现代化建设的重要力量。

尊重、关爱退役军人是全社会的共同责任。国家关心、优待退役军人，加强退役军人保障体系建设，保障退役军人依法享有相应的权益。

第四条　退役军人保障工作坚持中国共产党的领导，坚持为经济社会发展服务、为国防和军队建设服务的方针，遵循以人为本、分类保障、服务优先、依法管理的原则。

第五条　退役军人保障应当与经济发展相协调，与社会进步相适应。

退役军人安置工作应当公开、公平、公正。

退役军人的政治、生活等待遇与其服现役期间所做贡献挂钩。

国家建立参战退役军人特别优待机制。

第六条　退役军人应当继续发扬人民军队优良传

统，模范遵守宪法和法律法规，保守军事秘密，践行社会主义核心价值观，积极参加社会主义现代化建设。

第七条　国务院退役军人工作主管部门负责全国的退役军人保障工作。县级以上地方人民政府退役军人工作主管部门负责本行政区域的退役军人保障工作。

中央和国家有关机关、中央军事委员会有关部门、地方各级有关机关应当在各自职责范围内做好退役军人保障工作。

军队各级负责退役军人有关工作的部门与县级以上人民政府退役军人工作主管部门应当密切配合，做好退役军人保障工作。

第八条　国家加强退役军人保障工作信息化建设，为退役军人建档立卡，实现有关部门之间信息共享，为提高退役军人保障能力提供支持。

国务院退役军人工作主管部门应当与中央和国家有关机关、中央军事委员会有关部门密切配合，统筹做好信息数据系统的建设、维护、应用和信息安全管理等工作。

第九条　退役军人保障工作所需经费由中央和地方财政共同负担。退役安置、教育培训、抚恤优待资金主要由中央财政负担。

第十条　国家鼓励和引导企业、社会组织、个人等社会力量依法通过捐赠、设立基金、志愿服务等方式为退役军人提供支持和帮助。

第十一条　对在退役军人保障工作中做出突出贡献的单位和个人，按照国家有关规定给予表彰、奖励。

第二章　移交接收

第十二条　国务院退役军人工作主管部门、中央军事委员会政治工作部门、中央和国家有关机关应当制定全国退役军人的年度移交接收计划。

第十三条　退役军人原所在部队应当将退役军人移交安置地人民政府退役军人工作主管部门，安置地人民政府退役军人工作主管部门负责接收退役军人。

退役军人的安置地，按照国家有关规定确定。

第十四条　退役军人应当在规定时间内，持军队出具的退役证明到安置地人民政府退役军人工作主管部门报到。

第十五条　安置地人民政府退役军人工作主管部门在接收退役军人时，向退役军人发放退役军人优待证。

退役军人优待证全国统一制发、统一编号，管理使用办法由国务院退役军人工作主管部门会同有关部门制定。

第十六条　军人所在部队在军人退役时，应当及时将其人事档案移交安置地人民政府退役军人工作主管部门。

安置地人民政府退役军人工作主管部门应当按照国

家人事档案管理有关规定，接收、保管并向有关单位移交退役军人人事档案。

第十七条　安置地人民政府公安机关应当按照国家有关规定，及时为退役军人办理户口登记，同级退役军人工作主管部门应当予以协助。

第十八条　退役军人原所在部队应当按照有关法律法规规定，及时将退役军人及随军未就业配偶的养老、医疗等社会保险关系和相应资金，转入安置地社会保险经办机构。

安置地人民政府退役军人工作主管部门应当与社会保险经办机构、军队有关部门密切配合，依法做好有关社会保险关系和相应资金转移接续工作。

第十九条　退役军人移交接收过程中，发生与其服现役有关的问题，由原所在部队负责处理；发生与其安置有关的问题，由安置地人民政府负责处理；发生其他移交接收方面问题的，由安置地人民政府负责处理，原所在部队予以配合。

退役军人原所在部队撤销或者转隶、合并的，由原所在部队的上级单位或者转隶、合并后的单位按照前款规定处理。

第三章　退役安置

第二十条　地方各级人民政府应当按照移交接收计

划，做好退役军人安置工作，完成退役军人安置任务。

机关、群团组织、企业事业单位和社会组织应当依法接收安置退役军人，退役军人应当接受安置。

第二十一条　对退役的军官，国家采取退休、转业、逐月领取退役金、复员等方式妥善安置。

以退休方式移交人民政府安置的，由安置地人民政府按照国家保障与社会化服务相结合的方式，做好服务管理工作，保障其待遇。

以转业方式安置的，由安置地人民政府根据其德才条件以及服现役期间的职务、等级、所做贡献、专长等和工作需要安排工作岗位，确定相应的职务职级。

服现役满规定年限，以逐月领取退役金方式安置的，按照国家有关规定逐月领取退役金。

以复员方式安置的，按照国家有关规定领取复员费。

第二十二条　对退役的军士，国家采取逐月领取退役金、自主就业、安排工作、退休、供养等方式妥善安置。

服现役满规定年限，以逐月领取退役金方式安置的，按照国家有关规定逐月领取退役金。

服现役不满规定年限，以自主就业方式安置的，领取一次性退役金。

以安排工作方式安置的，由安置地人民政府根据其服现役期间所做贡献、专长等安排工作岗位。

以退休方式安置的，由安置地人民政府按照国家保障与社会化服务相结合的方式，做好服务管理工作，保障其待遇。

以供养方式安置的，由国家供养终身。

第二十三条　对退役的义务兵，国家采取自主就业、安排工作、供养等方式妥善安置。

以自主就业方式安置的，领取一次性退役金。

以安排工作方式安置的，由安置地人民政府根据其服现役期间所做贡献、专长等安排工作岗位。

以供养方式安置的，由国家供养终身。

第二十四条　退休、转业、逐月领取退役金、复员、自主就业、安排工作、供养等安置方式的适用条件，按照相关法律法规执行。

第二十五条　转业军官、安排工作的军士和义务兵，由机关、群团组织、事业单位和国有企业接收安置。对下列退役军人，优先安置：

（一）参战退役军人；

（二）担任作战部队师、旅、团、营级单位主官的转业军官；

（三）属于烈士子女、功臣模范的退役军人；

（四）长期在艰苦边远地区或者特殊岗位服现役的退役军人。

第二十六条　机关、群团组织、事业单位接收安置转业军官、安排工作的军士和义务兵的，应当按照国家有关规定给予编制保障。

国有企业接收安置转业军官、安排工作的军士和义务兵的，应当按照国家规定与其签订劳动合同，保障相应待遇。

前两款规定的用人单位依法裁减人员时，应当优先留用接收安置的转业和安排工作的退役军人。

第二十七条 以逐月领取退役金方式安置的退役军官和军士，被录用为公务员或者聘用为事业单位工作人员的，自被录用、聘用下月起停发退役金，其待遇按照公务员、事业单位工作人员管理相关法律法规执行。

第二十八条 国家建立伤病残退役军人指令性移交安置、收治休养制度。军队有关部门应当及时将伤病残退役军人移交安置地人民政府安置。安置地人民政府应当妥善解决伤病残退役军人的住房、医疗、康复、护理和生活困难。

第二十九条 各级人民政府加强拥军优属工作，为军人和家属排忧解难。

符合条件的军官和军士退出现役时，其配偶和子女可以按照国家有关规定随调随迁。

随调配偶在机关或者事业单位工作，符合有关法律法规规定的，安置地人民政府负责安排到相应的工作单位；随调配偶在其他单位工作或者无工作单位的，安置地人民政府应当提供就业指导，协助实现就业。

随迁子女需要转学、入学的，安置地人民政府教育行政部门应当予以及时办理。对下列退役军人的随迁子女，优先保障：

（一）参战退役军人；

（二）属于烈士子女、功臣模范的退役军人；

（三）长期在艰苦边远地区或者特殊岗位服现役的退役军人；

（四）其他符合条件的退役军人。

第三十条　军人退役安置的具体办法由国务院、中央军事委员会制定。

第四章　教育培训

第三十一条　退役军人的教育培训应当以提高就业质量为导向，紧密围绕社会需求，为退役军人提供有特色、精细化、针对性强的培训服务。

国家采取措施加强对退役军人的教育培训，帮助退役军人完善知识结构，提高思想政治水平、职业技能水平和综合职业素养，提升就业创业能力。

第三十二条　国家建立学历教育和职业技能培训并行并举的退役军人教育培训体系，建立退役军人教育培训协调机制，统筹规划退役军人教育培训工作。

第三十三条　军人退役前，所在部队在保证完成军事任务的前提下，可以根据部队特点和条件提供职业技能储备培训，组织参加高等教育自学考试和各类高等学校举办的高等学历继续教育，以及知识拓展、技能培训等非学历继续教育。

部队所在地县级以上地方人民政府退役军人工作主管部门应当为现役军人所在部队开展教育培训提供支持和协助。

第三十四条 退役军人在接受学历教育时，按照国家有关规定享受学费和助学金资助等国家教育资助政策。

高等学校根据国家统筹安排，可以通过单列计划、单独招生等方式招考退役军人。

第三十五条 现役军人入伍前已被普通高等学校录取或者是正在普通高等学校就学的学生，服现役期间保留入学资格或者学籍，退役后两年内允许入学或者复学，可以按照国家有关规定转入本校其他专业学习。达到报考研究生条件的，按照国家有关规定享受优惠政策。

第三十六条 国家依托和支持普通高等学校、职业院校（含技工院校）、专业培训机构等教育资源，为退役军人提供职业技能培训。退役军人未达到法定退休年龄需要就业创业的，可以享受职业技能培训补贴等相应扶持政策。

军人退出现役，安置地人民政府应当根据就业需求组织其免费参加职业教育、技能培训，经考试考核合格的，发给相应的学历证书、职业资格证书或者职业技能等级证书并推荐就业。

第三十七条　省级人民政府退役军人工作主管部门会同有关部门加强动态管理，定期对为退役军人提供职业技能培训的普通高等学校、职业院校（含技工院校）、专业培训机构的培训质量进行检查和考核，提高职业技能培训质量和水平。

第五章　就业创业

第三十八条　国家采取政府推动、市场引导、社会支持相结合的方式，鼓励和扶持退役军人就业创业。

第三十九条　各级人民政府应当加强对退役军人就业创业的指导和服务。

县级以上地方人民政府退役军人工作主管部门应当加强对退役军人就业创业的宣传、组织、协调等工作，会同有关部门采取退役军人专场招聘会等形式，开展就业推荐、职业指导，帮助退役军人就业。

第四十条　服现役期间因战、因公、因病致残被评定残疾等级和退役后补评或者重新评定残疾等级的残疾退役军人，有劳动能力和就业意愿的，优先享受国家规定的残疾人就业优惠政策。

第四十一条　公共人力资源服务机构应当免费为退役军人提供职业介绍、创业指导等服务。

国家鼓励经营性人力资源服务机构和社会组织为退

役军人就业创业提供免费或者优惠服务。

退役军人未能及时就业的，在人力资源和社会保障部门办理求职登记后，可以按照规定享受失业保险待遇。

第四十二条 机关、群团组织、事业单位和国有企业在招录或者招聘人员时，对退役军人的年龄和学历条件可以适当放宽，同等条件下优先招录、招聘退役军人。退役的军士和义务兵服现役经历视为基层工作经历。

退役的军士和义务兵入伍前是机关、群团组织、事业单位或者国有企业人员的，退役后可以选择复职复工。

第四十三条 各地应当设置一定数量的基层公务员职位，面向服现役满五年的高校毕业生退役军人招考。

服现役满五年的高校毕业生退役军人可以报考面向服务基层项目人员定向考录的职位，同服务基层项目人员共享公务员定向考录计划。

各地应当注重从优秀退役军人中选聘党的基层组织、社区和村专职工作人员。

军队文职人员岗位、国防教育机构岗位等，应当优先选用符合条件的退役军人。

国家鼓励退役军人参加稳边固边等边疆建设工作。

第四十四条 退役军人服现役年限计算为工龄，退役后与所在单位工作年限累计计算。

第四十五条　县级以上地方人民政府投资建设或者与社会共建的创业孵化基地和创业园区，应当优先为退役军人创业提供服务。有条件的地区可以建立退役军人创业孵化基地和创业园区，为退役军人提供经营场地、投资融资等方面的优惠服务。

第四十六条　退役军人创办小微企业，可以按照国家有关规定申请创业担保贷款，并享受贷款贴息等融资优惠政策。

退役军人从事个体经营，依法享受税收优惠政策。

第四十七条　用人单位招用退役军人符合国家规定的，依法享受税收优惠等政策。

第六章　抚恤优待

第四十八条　各级人民政府应当坚持普惠与优待叠加的原则，在保障退役军人享受普惠性政策和公共服务基础上，结合服现役期间所做贡献和各地实际情况给予优待。

对参战退役军人，应当提高优待标准。

第四十九条　国家逐步消除退役军人抚恤优待制度城乡差异、缩小地区差异，建立统筹平衡的抚恤优待量化标准体系。

第五十条　退役军人依法参加养老、医疗、工伤、失业、生育等社会保险，并享受相应待遇。

退役军人服现役年限与入伍前、退役后参加职工基本养老保险、职工基本医疗保险、失业保险的缴费年限依法合并计算。

第五十一条 退役军人符合安置住房优待条件的，实行市场购买与军地集中统建相结合，由安置地人民政府统筹规划、科学实施。

第五十二条 军队医疗机构、公立医疗机构应当为退役军人就医提供优待服务，并对参战退役军人、残疾退役军人给予优惠。

第五十三条 退役军人凭退役军人优待证等有效证件享受公共交通、文化和旅游等优待，具体办法由省级人民政府制定。

第五十四条 县级以上人民政府加强优抚医院、光荣院建设，充分利用现有医疗和养老服务资源，收治或者集中供养孤老、生活不能自理的退役军人。

各类社会福利机构应当优先接收老年退役军人和残疾退役军人。

第五十五条 国家建立退役军人帮扶援助机制，在养老、医疗、住房等方面，对生活困难的退役军人按照国家有关规定给予帮扶援助。

第五十六条 残疾退役军人依法享受抚恤。

残疾退役军人按照残疾等级享受残疾抚恤金，标准由国务院退役军人工作主管部门会同国务院财政部门综合考虑国家经济社会发展水平、消费物价水平、全国城

16

镇单位就业人员工资水平、国家财力情况等因素确定。残疾抚恤金由县级人民政府退役军人工作主管部门发放。

第七章　褒扬激励

第五十七条　国家建立退役军人荣誉激励机制，对在社会主义现代化建设中做出突出贡献的退役军人予以表彰、奖励。退役军人服现役期间获得表彰、奖励的，退役后按照国家有关规定享受相应待遇。

第五十八条　退役军人安置地人民政府在接收退役军人时，应当举行迎接仪式。迎接仪式由安置地人民政府退役军人工作主管部门负责实施。

第五十九条　地方人民政府应当为退役军人家庭悬挂光荣牌，定期开展走访慰问活动。

第六十条　国家、地方和军队举行重大庆典活动时，应当邀请退役军人代表参加。

被邀请的退役军人参加重大庆典活动时，可以穿着退役时的制式服装，佩戴服现役期间和退役后荣获的勋章、奖章、纪念章等徽章。

第六十一条　国家注重发挥退役军人在爱国主义教育和国防教育活动中的积极作用。机关、群团组织、企业事业单位和社会组织可以邀请退役军人协助开展爱国主义教育和国防教育。县级以上人民政府教育行政部门可以邀请退役军人参加学校国防教育培训，学校可以聘请退役军人参与学生军事训练。

第六十二条　县级以上人民政府退役军人工作主管部门应当加强对退役军人先进事迹的宣传，通过制作公益广告、创作主题文艺作品等方式，弘扬爱国主义精神、革命英雄主义精神和退役军人敬业奉献精神。

第六十三条　县级以上地方人民政府负责地方志工作的机构应当将本行政区域内下列退役军人的名录和事迹，编辑录入地方志：

（一）参战退役军人；

（二）荣获二等功以上奖励的退役军人；

（三）获得省部级或者战区级以上表彰的退役军人；

（四）其他符合条件的退役军人。

第六十四条　国家统筹规划烈士纪念设施建设，通过组织开展英雄烈士祭扫纪念活动等多种形式，弘扬英雄烈士精神。退役军人工作主管部门负责烈士纪念设施的修缮、保护和管理。

国家推进军人公墓建设。符合条件的退役军人去世后，可以安葬在军人公墓。

第八章　服务管理

第六十五条　国家加强退役军人服务机构建设，建

18

立健全退役军人服务体系。县级以上人民政府设立退役军人服务中心，乡镇、街道、农村和城市社区设立退役军人服务站点，提升退役军人服务保障能力。

第六十六条 退役军人服务中心、服务站点等退役军人服务机构应当加强与退役军人联系沟通，做好退役军人就业创业扶持、优抚帮扶、走访慰问、权益维护等服务保障工作。

第六十七条 县级以上人民政府退役军人工作主管部门应当加强退役军人思想政治教育工作，及时掌握退役军人的思想情况和工作生活状况，指导接收安置单位和其他组织做好退役军人的思想政治工作和有关保障工作。

接收安置单位和其他组织应当结合退役军人工作和生活状况，做好退役军人思想政治工作和有关保障工作。

第六十八条 县级以上人民政府退役军人工作主管部门、接收安置单位和其他组织应当加强对退役军人的保密教育和管理。

第六十九条 县级以上人民政府退役军人工作主管部门应当通过广播、电视、报刊、网络等多种渠道宣传与退役军人相关的法律法规和政策制度。

第七十条 县级以上人民政府退役军人工作主管部门应当建立健全退役军人权益保障机制，畅通诉求表达渠道，为退役军人维护其合法权益提供支持和帮助。退役军人的合法权益受到侵害，应当依法解决。公共法律服务有关机构应当依法为退役军人提供法律援助等必要的帮助。

第七十一条 县级以上人民政府退役军人工作主管部门应当依法指导、督促有关部门和单位做好退役安置、教育培训、就业创业、抚恤优待、褒扬激励、拥军优属等工作，监督检查退役军人保障相关法律法规和政策措施落实情况，推进解决退役军人保障工作中存在的问题。

第七十二条 国家实行退役军人保障工作责任制和考核评价制度。县级以上人民政府应当将退役军人保障工作完成情况，纳入对本级人民政府负责退役军人有关工作的部门及其负责人、下级人民政府及其负责人的考核评价内容。

对退役军人保障政策落实不到位、工作推进不力的地区和单位，由省级以上人民政府退役军人工作主管部门会同有关部门约谈该地区人民政府主要负责人或者该单位主要负责人。

第七十三条 退役军人工作主管部门及其工作人员履行职责，应当自觉接受社会监督。

第七十四条 对退役军人保障工作中违反本法行为的检举、控告，有关机关和部门应当依法及时处理，并将处理结果告知检举人、控告人。

第九章　法律责任

第七十五条　退役军人工作主管部门及其工作人员有下列行为之一的，由其上级主管部门责令改正，对直接负责的主管人员和其他直接责任人员依法给予处分：

（一）未按照规定确定退役军人安置待遇的；

（二）在退役军人安置工作中出具虚假文件的；

（三）为不符合条件的人员发放退役军人优待证的；

（四）挪用、截留、私分退役军人保障工作经费的；

（五）违反规定确定抚恤优待对象、标准、数额或者给予退役军人相关待遇的；

（六）在退役军人保障工作中利用职务之便为自己或者他人谋取私利的；

（七）在退役军人保障工作中失职渎职的；

（八）有其他违反法律法规行为的。

第七十六条　其他负责退役军人有关工作的部门及其工作人员违反本法有关规定的，由其上级主管部门责令改正，对直接负责的主管人员和其他直接责任人员依法给予处分。

第七十七条　违反本法规定，拒绝或者无故拖延执行退役军人安置任务的，由安置地人民政府退役军人工作主管部门责令限期改正；逾期不改正的，予以通报批评。对该单位主要负责人和直接责任人员，由有关部门依法给予处分。

第七十八条　退役军人弄虚作假骗取退役相关待遇的，由县级以上地方人民政府退役军人工作主管部门取消相关待遇，追缴非法所得，并由其所在单位或者有关部门依法给予处分。

第七十九条　退役军人违法犯罪的，由省级人民政府退役军人工作主管部门按照国家有关规定中止、降低或者取消其退役相关待遇，报国务院退役军人工作主管部门备案。

退役军人对省级人民政府退役军人工作主管部门作出的中止、降低或者取消其退役相关待遇的决定不服的，可以依法申请行政复议或者提起行政诉讼。

第八十条　违反本法规定，构成违反治安管理行为的，依法给予治安管理处罚；构成犯罪的，依法追究刑事责任。

第十章　附　　则

第八十一条　中国人民武装警察部队依法退出现役的警官、警士和义务兵等人员，适用本法。

第八十二条　本法有关军官的规定适用于文职干部。

军队院校学员依法退出现役的，参照本法有关规定执行。

第八十三条　参试退役军人参照本法有关参战退役军人的规定执行。

参战退役军人、参试退役军人的范围和认定标准、认定程序，由中央军事委员会有关部门会同国务院退役军人工作主管部门等部门规定。

第八十四条　军官离职休养和军级以上职务军官退休后，按照国务院和中央军事委员会的有关规定安置管理。

本法施行前已经按照自主择业方式安置的退役军人的待遇保障，按照国务院和中央军事委员会的有关规定执行。

第八十五条　本法自 2021 年 1 月 1 日起施行。

全国人民代表大会宪法和法律委员会关于《中华人民共和国退役军人保障法（草案）》修改情况的汇报

全国人民代表大会常务委员会：

  常委会第十九次会议对退役军人保障法（草案）进行了初次审议。会后，法制工作委员会将草案印发各省（区、市）、基层立法联系点和中央有关部门等征求意见，在中国人大网公布草案，征求社会公众意见；梳理全国人大代表在十三届全国人大三次会议上提出的关于退役军人保障工作的建议；宪法和法律委员会、社会建设委员会和法制工作委员会联合召开座谈会，听取中央有关部门的意见；宪法和法律委员会、法制工作委员会到北京、上海、江苏等地调研，听取全国人大代表、地方有关部门、退役军人服务机构、退役军人和现役军人代表等的意见，就草案中的主要问题与有关部门交换意见，共同研究。宪法和法律委员会于 9 月 15 日召开会议，根据常委会组成人员的审议意见和各方面意见，对草案进行了逐条审议。社会建设委员会、司法部、退役军人事务部、中央军委法制局、中央军委政治工作部的有关负责同志列席了会议。9 月 29 日，宪法和法律委员会召开会议，再次进行了审议。现将退役军人保障法（草案）主要问题的修改情况汇报如下：

一、有些常委会组成人员、部门、地方和社会公众提出，应更加突出本法的保障法定位，进一步明确和细化相关保障措施。宪法和法律委员会经研究，建议将"退役军人工作"统一修改为"退役军人保障工作"，删去部分条款中有关管理的表述。同时，明确或增加以下规定：一是国家加强退役军人保障体系建设。二是退役军人优待证全国统一制发、统一编号。三是以供养方式安置的，由国家供养终身。四是国家逐步缩小退役军人抚恤优待制度地区差异。五是退役军人凭退役军人优待证等有效证件享受旅游等优待。六是县级以上人民政府充分利用现有医疗和养老服务资源，收治或者集中供养孤老、生活不能自理的退役军人。七是建立健全退役军人权益保障机制，畅通诉求表达渠道。

二、有的常委委员、地方和社会公众建议，进一步细化安置工作、待遇确定的有关原则。宪法和法律委员会经研究，建议增加规定：一是退役军人安置工作应当公开、公平、公正。二是退役军人的政治、生活等待遇与其服现役期间所做贡献挂钩。三是以安排工作方式安置的军士和义务兵，由安置地人民政府根据其服现役期间所做贡献、专长等安排工作岗位。四是国有企业接收安置转业军官、安排工作的军士和义务兵的，应当按照国家规定与其签订劳动合同，保障相应待遇。

三、有的常委委员、地方和社会公众建议，进一步明确中央财政主要承担的退役军人保障工作经费范围。宪法和法律委员会经与退役军人事务部研究，建议增加规定：退役安置、教育培训、抚恤优待资金主要由中央财政承担。

四、有的常委委员、部门和社会公众建议，对退役军人的社会保险转移接续、缴费年限计算等作出规定。宪法和法律委员会经与退役军人事务部、军委政治工作部研究，建议增加规定：一是退役军人原所在部队应当按照有关法律规定，及时将退役军人及随军未就业配偶的养老、医疗保险关系和相应资金，转入安置地社会保险经办机构。安置地人民政府退役军人工作主管部门应当与社会保险经办机构、军队有关机关密切配合，依法做好有关社会保险关系和相应资金转移接续工作。二是退役军人服现役年限与入伍前、退役后参加职工基本养老保险、职工基本医疗保险、失业保险的缴费年限依法合并计算。

五、有的常委会组成人员、地方和中央有关部门建议，进一步增强退役军人教育培训措施的针对性。宪法和法律委员会经与退役军人事务部研究，建议增加规定：一是教育培训是退役军人保障工作的重要组成部分，应当以提高就业质量为导向，紧密围绕社会需求，为退役军人提供有特色、精细化、针对性强的培训服务。二是退役军人未达到法定退休年龄需要就业创业的，可以享受职业技能培训补贴等相应扶持政策。三是军士和义务兵退出现役，安置地人民政府应当组织其免费参加职业教育、技能培训，经考试考核合格的，发给相应的学历证书、职业资格证书并推荐就业。

六、有的部门、地方和社会公众建议，对未就业退役军人的有关保障作出规定。宪法和法律委员会根据人力资源和社会保障部提出的方案，建议增加规定：退役军人未能及时就业的，在人力资源和社会保障部门办理求职登记后，可以按照规定享受失业保险待遇。

七、有的部门、地方和社会公众建议，应当允许部分军人退役后回入伍前原单位工作。宪法和法律委员会经与退役军人事务部研究，建议增加规定：退役的军士和义务兵入伍前是机关、群团组织、事业单位或者国有企业人员的，退役后可以选择复职复工。

八、有的部门和社会公众提出，国防和军队建设有关的岗位应当优先选用退役军人。宪法和法律委员会经与军委政治工作部研究，建议增加规定：军队文职人员岗位、国防教育机构岗位等，应当优先选用符合条件的退役军人。

九、有的部门、地方提出，考虑到军队承担的任务较重，选派军事教员帮助学校开展学生军事训练存在一定困难，建议增加退役军人参与学生军事训练的有关规定。宪法和法律委员会经与教育部研究，建议增加规定：学校可以聘请退役军人参与学生军事训练等国防教育活动。

十、有的常委委员提出，为了弘扬英雄烈士精神，加强对英雄烈士和退役军人的褒扬，建议对烈士纪念设施和军人公墓建设等作出规定。宪法和法律委员会经研究，建议增加规定：国家弘扬英雄烈士精神，统筹规划烈士纪念设施建设。退役军人工作主管部门做好烈士纪念设施的修缮、保护和管理，组织开展英雄烈士祭扫纪念活动。国家推进军人公墓建设。

十一、有的常委委员、地方和社会公众建议，进一步明确退役军人服务体系建设的具体内容，以及退役军人服务机构的有关职责。宪法和法律委员会经与退役军人事务部研究，建议增加规定：一是县级以上人民政府设立退役军人服务中心，乡镇、街道、农村和城市社区设立退役军人服务站点。二是退役军人服务中心、服务站点等退役军人服务机构应当加强与退役军人联系沟通，做好退役军人就业创业扶持、优抚帮扶、走访慰问、权益维护等服务保障工作。

十二、有的部门、社会公众建议，增加退役军人工作主管部门接受监督的有关规定。宪法和法律委员会经与退役军人事务部研究，建议增加规定：退役军人工作主管部门及其工作人员履行职责，应当自觉接受社会监督。同时，增加退役军人保障工作中失职渎职行为的法律责任。

十三、有的部门、社会公众、退役军人和现役军人提出，军人服现役期间受到纪律处分后的职级确定和待遇处理问题，相关规定已经比较明确，无需重复规定；军人退役后因违法犯罪被中止、降低或者取消其相关待遇的决定部门层级也比较低。宪法和法律委员会经与退役军人事务部研究，建议删去草案第二十六条的规定，并将草案第七十一条第二款修改为：退役军人违法犯罪的，由省级人民政府退役军人工作主管部门按照国家有关规定中止、降低或者取消其退役相关待遇，报国务院退役军人工作主管部门备案。

十四、有的部门、地方、社会公众、退役军人和现役军人建议，对军队离职休养军官、自主择业的军队转业干部等退役军人的安置和待遇保障予以明确。宪法和法律委员会经与退役军人事务部、军委政治工作部研究，考虑到上述退役军人的安置比较特殊，建议根据中央文件和现役军官法有关规定，增加衔接性规定：军官离职休养和军级以上职务军官退休后，按照国务院和中央军事委员会的有关规定安置管理。本法施行前已经按照自主择业方式安置的退役军人的待遇保障，按照国务院和中央军事委员会的有关规定执行。

此外，还对草案作了一些文字修改。

草案二次审议稿已按上述意见作了修改，宪法和法律委员会建议提请本次常委会会议继续审议。

草案二次审议稿和以上汇报是否妥当，请审议。

全国人民代表大会宪法和法律委员会

2020 年 10 月 13 日

全国人民代表大会宪法和法律委员会关于《中华人民共和国退役军人保障法（草案）》审议结果的报告

全国人民代表大会常务委员会：

常委会第二十二次会议对退役军人保障法草案进行了二次审议。会后，法制工作委员会将草案二次审议稿印发中央有关部门、部分省级人大常委会征求意见；到河北、天津等地调研，进一步听取地方有关部门、退役军人服务机构、全国人大代表、退役军人和现役军人代表等的意见。宪法和法律委员会、法制工作委员会就草案中的主要问题与有关部门交换意见，共同研究。宪法和法律委员会于10月27日召开会议，根据常委会组成人员的审议意见和各方面意见，对草案进行了逐条审议。社会建设委员会、司法部、退役军人事务部、中央军委法制局、中央军委政治工作部的有关负责同志列席了会议。11月3日，宪法和法律委员会召开会议，再次进行了审议。宪法和法律委员会认为，为了加强退役军人保障工作，维护退役军人合法权益，制定本法是必要的，草案经过两次审议修改，已经比较成熟。同时，提出以下主要修改意见：

一、有的常委委员建议，贯彻习近平总书记重要讲话精神，在本法中对加强爱国主义教育、弘扬爱国主义精神和革命英雄主义精神作出明确规定。宪法和法律委员会经研究，建议规定：国家注重发挥退役军人在爱国主义教育和国防教育活动中的积极作用。机关、群团组织、企业事业单位和社会组织可以邀请退役军人协助开展爱国主义教育和国防教育。县级以上人民政府退役军人工作主管部门应当加强对退役军人先进事迹的宣传，通过制作公益广告、创作主题文艺作品等方式，弘扬爱国主义精神、革命英雄主义精神和退役军人敬业奉献精神。

二、有的常委委员提出，企业事业单位裁减人员时，应当优先保障退役军人的劳动权益。宪法和法律委员会经研究认为，这是符合中央有关文件精神和劳动合同法有关规定的。建议增加规定：有关用人单位依法裁减人员时，应当优先留用接收安置的转业和安排工作的退役军人。

三、有的常委委员建议，退役军人保障工作应当体现拥军优属的优良传统。宪法和法律委员会经研究，建议规定：各级人民政府加强拥军优属工作，为军人和家属排忧解难。符合条件的军官和军士退出现役时，其配偶和子女可以按照国家有关规定随调随迁。

四、草案二次审议稿第三十六条第二款对军士和义务兵退役时免费参加职业教育、技能培训作了规定。有的常委委员提出，免费参加职业教育、技能培训的退役军人，不应限于退出现役的军士和义务兵。宪法和法律委员会经研究，建议规定：军人退出现役，安置地人民政府应当组织其免费参加职业教育、技能培训。

五、草案二次审议稿第四十七条对企业招用退役军人规定了享受有关税收优惠。有的常委委员、部门提出，招用退役军人依法享受税收优惠等政策的主体范围不应仅限于企业，还应包括事业单位、社会组织等用人单位。宪法和法律委员会经研究，建议将这一条修改为：用人单位招用退役军人符合国家规定的，依法享受税收优惠等政策。

六、有的常委委员建议，明确退役军人工作主管部门对相关法律法规和政策措施落实情况的监督检查职责。宪法和法律委员会经研究，建议规定：县级以上人民政府退役军人工作主管部门"监督检查退役军人保障相关法律法规和政策措施落实情况"。

此外，还对草案二次审议稿作了一些文字修改。

10月29日，法制工作委员会召开会议，邀请部分全国人大代表、专家学者、退役军人工作主管部门和服务机构工作人员、退役军人和现役军人代表，就草案主要制度规范的可行性、出台时机、实施的社会效果和可能出现的问题等进行评估。与会人员普遍认为，制定退役军人保障法是贯彻落实党中央决策部署的重要举措，是依法维护退役军人合法权益的必然要求。适应新时代退役军人保障工作需要，制定一部基础性、系统性和综合性的退役军人保障法，正当其时。草案经过公开征求意见和多次审议修改，对各方面提出的意见作了正面、积极、合理的回应，已经比较成熟，建议尽快审议通过。法律颁布实施后，必将为退役军人合法权益提供有力法治保障。与会人员还对草案提出了一些具体修改意见，宪法和法律委员会进行了认真研究，对有的意见予以采纳。

草案三次审议稿已按上述意见作了修改，宪法和法律委员会建议提请本次常委会会议审议通过。

草案三次审议稿和以上报告是否妥当，请审议。

全国人民代表大会宪法和法律委员会
2020 年 11 月 10 日

全国人民代表大会宪法和法律委员会关于《中华人民共和国退役军人保障法（草案三次审议稿）》修改意见的报告

全国人民代表大会常务委员会：

本次常委会会议于 11 月 10 日下午对退役军人保障法（草案三次审议稿）进行了分组审议。普遍认为，草案已经比较成熟，建议进一步修改后，提请本次常委会会议表决通过。同时，有些常委会组成人员和列席会议的人员还提出了一些修改意见。宪法和法律委员会于 11 月 10 日晚上召开会议，逐条研究了常委会组成人员的审议意见，对草案进行了审议。社会建设委员会、司法部、退役军人事务部、军委法制局、军委政治工作部的有关负责同志列席了会议。宪法和法律委员会认为，草案是可行的，同时，提出以下修改意见：

一、草案三次审议稿第三十一条第二款对国家采取措施加强退役军人教育培训作了规定。有的常委委员、部门提出，加强教育培训的目的不应限于提高职业技能水平和综合职业素养，还包括提高思想政治水平。宪法和法律委员会经研究，建议将这一款修改为：国家采取措施加强对退役军人的教育培训，帮助退役军人完善知识结构，提高思想政治水平、职业技能水平和综合职业素养，提升就业创业能力。

二、草案三次审议稿第三十六条第二款对军人退出现役免费参加职业教育、技能培训作了规定。有的常委委员、部门提出，退役军人考试考核合格后，除了获得相应的学历证书、职业资格证书外，还可以获得职业技能等级证书。宪法和法律委员会经研究，建议将这一款修改为：军人退出现役，安置地人民政府应当根据就业需求组织其免费参加职业教育、技能培训，经考试考核合格的，发给相应的学历证书、职业资格证书或者职业技能等级证书并推荐就业。

三、有的常委委员提出，为更好弘扬英雄烈士精神，建议草案关于英雄烈士祭扫纪念活动的规定与英雄烈士保护法做好衔接。宪法和法律委员会经研究，建议将草案三次审议稿第六十四条第一款修改为：国家统筹规划烈士纪念设施建设，通过组织开展英雄烈士祭扫纪念活动等多种形式，弘扬英雄烈士精神。退役军人工作主管部门负责烈士纪念设施的修缮、保护和管理。

经与有关部门研究，建议将本法的施行时间确定为2021年1月1日。

此外，根据常委会组成人员的审议意见，还对草案三次审议稿作了个别文字修改。

草案建议表决稿已按上述意见作了修改，宪法和法律委员会建议本次常委会会议审议通过。

草案建议表决稿和以上报告是否妥当，请审议。

全国人民代表大会宪法和法律委员会
2020 年 11 月 11 日